काव्यवृंद

विविध रसों का इंद्रधनुष

Rashmi Karanwal

BookLeaf Publishing
India | USA | UK

Made with ❤ on the BookLeaf Publishing Platform
www.bookleafpub.in
www.bookleafpub.com

Dedication

समर्पण
ये कविताएँ उस "मैं" के नाम
हर दर्द में खुद का सहारा बनी,
हर खुशी में खुद को अपनाया।
ये पंक्तियाँ मेरी अपनी आत्मा के नाम –
जो कभी हार नहीं मानी
जब कोई नहीं था, मैं थी।
जब आवाज़ें चुप थीं, मेरी कलम बोली।
ये शब्द मेरी मुस्कान को समर्पित हैं
उन अनकहे जज़्बातों को,
जिन्हें सबसे पहले मैंने खुद जाना।
इस सफर में मेरी सबसे सच्ची साथी – मैं खुद।
यह कविता-संग्रह मेरे स्वयं के लिए

Preface

"काव्यवृंद" केवल कविताओं का संग्रह नहीं, यह भावनाओं का इंद्रधनुष है। इसमें श्रृंगार की मधुरता है, वीर रस की दृढ़ता, करुण रस की संवेदना, हास्य की मुस्कान और शांत रस की आत्मशांति भी। हर कविता एक रंग है – मिलकर यह एक पूर्ण इंद्रधनुष बनाते हैं, जो जीवन के हर पहलू को छूता है।इन कविताओं की यात्रा तब शुरू हुई,
जब मैं केवल सात साल की थी –
नन्ही उम्र, लेकिन भावनाएँ गहरी थीं।
तब शायद शब्द पूरे नहीं होते थे,
पर मन बहुत कुछ कहना चाहता था।

हर कविता मेरे बचपन की मासूम कल्पनाओं,
किशोरवय की उलझनों,
और आज की सोचती समझती आँखों की तस्वीर है।
कुछ पंक्तियाँ मेरे अकेलेपन की साथी रहीं,
तो कुछ ने मुझे खुद को समझने का रास्ता दिखाया।

यह संग्रह केवल शब्दों का मेल नहीं,
बल्कि मेरे बचपन से अब तक की आत्मा की यात्रा है।
हर कविता मेरे भीतर की उस आवाज़ से निकली है,
जो हमेशा मेरे साथ रही –
चुपचाप, सच्ची, और संजीदा।

अगर मेरी ये कविताएँ किसी पाठक के मन को छू जाएँ,

तो यही मेरा सबसे बड़ा पुरस्कार होगा।

—

रश्मि करनवाल
(भावनाओं को शब्दों में जीने वाली एक साधारण लेखिका)

Acknowledgements

📖 आभार (Acknowledgement)

आभार

यह कविता-संग्रह मेरे जीवन की एक बहुत ही आत्मीय यात्रा का हिस्सा है।

सबसे पहले, मैं अपने माता-पिता का हृदय से आभार प्रकट करती हूँ,

जिनका निस्वार्थ प्रेम और विश्वास हमेशा मेरी सबसे बड़ी ताकत रहा है।

मैं अपने उन सभी शिक्षकों और साथियों की आभारी हूँ,

जिन्होंने मेरी लेखनी को दिशा दी, और हर कदम पर मेरा मार्गदर्शन किया।

साथ ही, मैं Book Leaf Publication का विशेष धन्यवाद करती हूँ,

जिन्होंने मेरी कविताओं को पुस्तक का रूप देकर

मेरे इस सपने को साकार करने में महत्वपूर्ण भूमिका निभाई।

अंत में, मैं अपने आप को धन्यवाद देती हूँ –

उस सात वर्ष की छोटी बच्ची को,

जिसने शब्दों को अपनाया और आज तक लिखना नहीं छोड़ा।

यह पुस्तक केवल मेरे शब्दों का संग्रह नहीं,

बल्कि उन सभी लोगों की प्रेरणा और समर्थन का परिणाम है, जिन्होंने मुझे खुद पर विश्वास करना सिखाया ।खासतौर पर मेरा बेटा प्रेम जिसने मुझे हर वो समर्थन दिया जिसकी मुझे जरूरत थी।

1. उड़ान

अपने लिए भी समय निकाल,
जो भी करना है कर डाल,
सबके लिए तो बहुत जी लिए,
कलम उठा और दिखा कमाल।
खींची परिधि से मत डर,
उन रेखाओ से बहार निकल,
एक राह पकड़ और चलती चल,
बंद दुनिया के लिए मिसाल।
उंचाइयो से मत घबरा,
आसमान की सैर तू कर,
अपनी शक्ति तू पहचान,
पंख फैला कर भर उड़ान।
कौन तेरा है यह न सोच,
तू क्या हैं अब तू ये जान,
कठिनाइयाँ से मत घबरा,
अपनी एक पहचान बना।
जीवन की संध्या आ पहुंची,
रात्रि भी हो जाएगी
रश्मियाँ अपनी फैला,
फिर कब फैला पायेगी।

अपनी लिए भी समय निकाल,
जो भी करना है कर डाल।

14. सुख दुख

कभी न आए जीवन में दुख,
हम चाहते बस सुख ही सुख,
पर कभी सोचा गर जीवन में,
दुख न होता तो फिर कैसे,
हम ढूंढ सके थे सुख के मायने,
कठिनाई के बात राहत पाना,
दुख में रहकर सुख को जाना,
ये सुख भी दुख के कारण है ,
हर कठिनाई का निवारण है,
ये जीवन सुख दुख का मेला है ,
इस मेले में सब को आना है ,
सुख दुख के चक्रव्यूह में फंस,
इस दुनिया से चले जमा है।

2. आशा

काले बादलो के मध्य
एक टुकड़ा श्वेत बादल का
यह सन्देश उजागर करता हुआ की तम के बाद होता है उजाला ये तो
प्रकृति की है नियति
तम के पीछे छिपी होती है
उजाले की एक रश्मि
फिर तम से क्या डरना
हर तम के बाद आता है उजाला
अपने संग अनेको रश्मियां समेटे

15.
मेरी मां

जब कभी उदास मै होती हूं ,
तुम मेरे करीब आ जाती हो,
अपने कंधों पर सर रखकर ,
तुम मुझको सहला जाती हो ,
जब दूर नयनों से निद्रा हो,
तुम पास मेरे आ जाती हो ,
धीरे धीरे लोरी गाकर ,
मुझे निंदिया तुम दे जाती हो,
जब दुख मेरे पास से गुजरता है,
तुम मेरे समीप आ जाती हो ,
सदा मुस्कुराते रहना ,
ये कहकर के चली जाती हो ,
जब आशा की कोई भी किरण ,
दूर तक नहीं दिखती है ,
तुम आकर के मेरे समक्ष,
आशाओं के दीप जला जाती हो,
जब कदम मेरे डगमगाते हैं,
कोई राह नहीं दिख पाती है ,

तुम तम मे भी मेरी अंगुली पकड़,
नई राह मुझे दिखा जाती हो।

3. नियंता

कौन है वो जो कर रहा है खेल,
न तुझे पता न मुझे पता,
वो कब किसको बुलाएगा,
न तुझे पता न मुझे पता,
क्यों बना रहा सम्पति का ढेर,
सब छोड़ कब चला जायेगा,
न तुझे पता न मुझे पता,
पाप और पुण्य की गठरी,
किसको कितनी भारी होगी,
न तुझे पता न मुझे पता,
कौन है तेरा कौन है मेरा,
न तुझे पता न मुझे पता,
कठपुतली हम सब, किसके हाथो की,
कौन तुम्हे नचाये है
न तुझे पता न मुझे पता,
कब रूक जाये सांस का रेला,
न तुझे पता न मुझे पता

15. मन की तेज़ गति

ऐ मन ,तू कहाँ कहाँ दौड़ जाता है ,
आकाश की ऊंचाइयों को ,
समुन्द्र की गहराईयों को ,
अंतरिक्ष को भी तू ,
पल भर में नाप आता है ,
ऐ मन तू कहाँ कहाँ पहुँच जाता है ल
समय से भी तीव्र गति है तेरी ,
पल भर मे कहाँ से कहाँ ,
चला जाता है ,
ए मन तू कहाँ कहाँ दौड़ जाता है ल
कभी पहुंचे अतीत में ,
कभी वर्तमान में ,
भविष्य को हमारे क्षण में ,
सोच आता है ,
ए मन तू कहाँ कहाँ पहुंच जाता है ल
पर जो तू सोचता है ,
वो पूरा कहाँ हो पता है ,
होता तो वही है जो
ऊपर बैठा ईश्वर चाहता है ,
ए मन तू कहाँ कहाँ दौड़ जाता है I

4. फूल और शूल

यहाँ पग पग पर शूल बिखरे पड़े
इस राह पर जरा संभल कर चलो
जहाँ फूलो की कद्र न कोई करे ,
उस राह के फूलो को पिरोते चलो
कौन अपना यहाँ है कौन पराया
सोचो न इतना सबको अपना बनाते चलो
हमे क्या मिला और क्या हमने दिया
बस प्यार ही सबमे बाँटते चलो
अकेले ही आये अकेले ही जाना है
नेकी कर दरिया में बहाते चलो
न तुम यहाँ रहोगे न जमाना रहेगा
सबकी यादों में बसते चलो

16. मेरे कान्हा

अब आ गए हो कान्हा ,
सब दुःख दूर कर जाना
वसुधा पे फैले अधर्म को,
अब तू ही मिटा जाना ,
न दिख रहे उजाले ,
दिख रहा है कोई पथ न ,
बस आस है तुम्ही से ,
पाप सबके हर के जाना ,
अट्टहास करते दुर्योधन ,
खींचते चीर दुशासन ,
आसरा बस एक तेरा ,
द्रौपदीयो की लाज बचाना ,
संकट के क्षणों में ,
बस स्मृति तुम्हारी आये ,
मझधार में फंसे हम ,
नैया को पार लगा जाना l

5. मुस्कान का मंत्र

मुस्कुराने से खुद को न रोको कभी,
जीवन की शाम कब ढल जाये
खूबसूरती से जीवन को ऐसे जीते रहो तुम ,
कोई उसमें बाधा न बन पाए
न परवाह करो कौन क्या कहेगा ,
करो कुछ ऐसा, मिसाल बन जाए
खुद हंसो दूसरों को भी हँसाते रहो
न जाने यह मौका फिर कब मिल पाए
न फसो तुम इधर उधर की बातों में,
इनमें फंस कहीं जीवन ख़त्म न हो जाए
चलो एक बार फिर खुलकर जिए ,
कहीं जीवन की शाम न ढल जाए।

17. सत्य वचन

न रहना बैर किसी से ,और न रखना द्वेष ,
रहोगे सुखी जीवन में ,नहीं रहेगा क्लेश I

सेवा कर गुज़ार ले ,जीवन के दिन चार ,
रोता ही रह जायेगा,क्यों दिन करे बेकार I

दीन दुखी को देखकर ,मुँह को यूँ ना फेर ,
दिन उसके भी पलटेंगे ,थोड़ी देर सवेर I

मेरा मेरा न कर बन्दे ,अहम से रहना दूर ,
इसमें जो भी है फंसा ,हुआ है चकनाचूर I

शूद्र पशु और नारी ,सम्मान के अधिकारी ,
रखना इनको प्रेम से ,जीतोगे दुनिया सारी I

6. सच्चे अपने

हिम्मत आ ही जाती है
जब अपने साथ देते है
वो अपने ही तो होते है
जो बढ़कर हाथ देते है
अकेले ही आये है और
अकेले ही जाना है
वो अपने ही होते है
जो हमको थाम लेते है
सुख में तो हर कोई को
अपने साथ खड़े पाया
वो अपने ही होते है
जो दुःख में भाग लेते है
मन में क्या है किसके
किसको क्या पता होता
वो अपने ही होते है
जो मन को भांप लेते है
जीवन की आपाधापी में
हम पहचान नहीं पाते
दुःख में साथ जो देते
वो ही तो अपने होते है।

18. मेरा गणतंत्र

आओ फिर गणतंत्र दिवस का संदेश फैलायें,
अपने बच्चों को गणतंत्र का महत्व समझायें।
पहले था देश में तानाशाही का अंधेरा,
फिर हुआ भारत में एक नया सवेरा।
गणतंत्र नहीं होता तो आ जाती तानाशाही,
हमें न मिलते कोई अधिकार, बातें होती हवाहवाई l
इस दिन के लिए कितनों ने लाठी खाई कोड़े खाये ,
कितनों ने एक झटके में अपने प्राण गवाए l
करें प्रशंसा धीर व्रतियों की सोया देश जगाया ,
मिट्टी के माधो को वीरों का ताज पहनाया l
इस दिवस की बेला में फिर झूमे खुशी मनायें।
देश पे कुर्बान वीरों के अमूल्य ऋण चुकायें।
भेदभाव को छोड़ सब हिंदुस्तानी बन जायें,
मिलजुल कर फिर अपना तिरंगा फहरायें।
जाति-पांति छोड़ कर हम भी अब आगे बढ़ें,
विकासशील नहीं अब विकसित बनें,
आओ ऐसा प्रण करें l

7. रामचंद्र मंगलागमन

बजाओ ढोल ताशे आज,
मेरे रघुवर पधारे हैं।
संग उनके सीता मैया है',
भाई लक्ष्मण जी दुलारे हैं।
हनुमंत देख अचंभित हैं,
अयोध्या के ठाठ निराले हैं।
दीपक जल रहे चहूं और,
दीवाली से उजियारे हैं'।
कहीं पर है सजी रंगोली
भक्त लिये फूलो की मालाएं है।
गाओ मंगल गीत सखियों
श्री राम अयोध्या पधारे हैं।

19. हर नारी मै दुर्गा

**"सुंदर भारत की संस्कृति का,
हो रहा विनाश है।
विश्वास का कहीं नाम नहीं,
चहु ओर फैला अविश्वास है।

दिखते नहीं कहीं राम अब,
रावण कर रहे अट्टहास हैं
कंसो ने यहाँ फिर जन्म ले लिया ,
श्री कृष्ण से ही अब आस है।

दुर्योधन खींचे चीर ,
द्रौपदी खड़ी हताश है,
चलते चलते कहाँ आ गए हम ,
ये कैसा भ्रष्ट होता समाज है ।

हर नारी में दुर्गा समा जाये,
अब करना यही प्रयास है।
"अपनें लिए लड़ेगी नारी,
ऐसा मेरा विश्वास है।"**

8. रक्षासूत्र

राखी का त्यौहार ये,
आया पर्व सुहाना
मन के तारो को जोड़ने,
आई फिरसे बहना
सुख की हरि से करती विनती,
तिलक लगाती भाल पर
सदा हसी ख़ुशी रहना तुम,
ऐसी करती कामना।
यश फैले जगत में तेरा,
ख़ुशी सदा रहे द्वार पे,
कभी ना आये दुःख द्वारे,
ऐसी हरि से प्रार्थना।
धरती से अम्बर तक,
फैले तेज तुम्हारे कर्मो का
कभी अकेले पड़ जाओ तो,
साथ मिले तुम्हे अपनों का
राखी का त्यौहार ये
आया पर्व सुहाना
मन के तारो को जोड़ने,
आई फिरसे बहना

सुख की हरि से करती विनती,
तिलक लगाती भाल पर
सदा हसी ख़ुशी रहना तुम
ऐसी करती कामना
यश फैले जगत में तेरा
ख़ुशी सदा रहे द्वार पे
कभी ना आये दुःख द्वारे
ऐसी हरि से प्रार्थना
धरती से अम्बर तक,
फैले तेज तुम्हारे कर्मो का
कभी अकेले पड़ जाओ तो,
साथ मिले तुम्हे अपनों का

20. मेरी कविता में नव वर्ष

फूल खिल गए सतरंगी ,
,सोन चिरैया करती शोर,
जैसे सबको कहना चाहती
लिए सवेरा आई भोर ।
आशाओं के पंख लग गए ,
सपने आंखों में सज गए ,
स्वागत करता नव वर्ष का ,
जंगल में भी नाचे मोर।

सुंदर अवसर आया ,
भावनाओं के लेन दें का ,
सुंदर अवसर आया,
पुराने रिश्तों को ताज़ा करने का ,
कहीं रूठों को मनाने का ,
परिवार में उत्पन्न हर्ष का,
मित्रो के भावनात्मक ज्वार का,
कहीं मित्रता करने का ,
हर एक मुख सुंदर सजीला ,
स्वागत कर रहा नव वर्ष का।

9. जयचंदों का अंत

ये कौन मेरी धरा पर,
बन गया है मीर जाफर
क्या मिल गया होगा उसे,
मेरे वीरो का खून बहाकर
गर लड़ना ही था तो
सीने पे वार करता
पर ये यकीं है मुझे
उसके समक्ष तू न टिकता
ऐसे ही मिटा दिया
पीठ पीछे वार करके
मत भूल न छोड़ेंगे
अब मेरे देश के वीर बांके
मिट्टी में मिला देंगे तुझे
तेरे ही घर में घुसकर
जय चंदो की कमी थी क्या
जो और हो गए पैदा
वध करने आ रहे तेरा
मेरे वीर अर्जुन बनकर।

21. पहली बहार (बचपन)

एक बार और मेरे ईश्वर ,
बचपन उधार दे दो 1
कुछ और नहीं मै मांगू ,
मुझे पहला सा संसार दे दो ।
वो मिटटी के छोटे बर्तन ,
वो गुड़िया वो खिलौने ,
धन दौलत मेरा सब लेकर ,
खिलौनों का भण्डार दे दो ।
वो छोटा सा बिछावन ,
वो माँ की मीठी लोरी ,
एक बार फिर मेरे ईश्वर ,
स्वप्निल संसार वो दे दो ।
वो सुख की ठंडी छांव ,
वो खिली चंचल मुस्कुराहट,
मेरे जीवन की बीती हुई ,
वो पहली बहार दे दो ।
उन स्नेह भरी यादों को ,
लौटा के एक बार दे दो।

10. फागुनोत्सव

होली आई रे आई रे होली आई रे ,
संग प्यार का मौसम लाई रे
अभिनंदन ऋतु फागुन का
होली से हम करते,
द्वेष क्लेश सब दूर हैं करते,
सबसे गले हमे मिल्ते,
रंग बिरंगे रंगो के संग
मस्तानों की टोली आई रे,
अंबुआ पे कोयल की कूके,
मन में आनंद भरती ,
टेसू के फूलो की खुशबू ,
हमको सुगन्धित करती,
चेहरे पर है गुलाल सी रौनक,
मन में मस्ती छायी रे ,
होली आई रे,
जात पात की दीवारें तौडो,
सबको रंग लगा दो,
कौन मित्र है कौन है शत्रु,
आज सबको गले लगा लो ,

दुख दर्द सारे भुला के,
प्रेम का संदेश लाई रे, होली आई रे

11. देश की मिट्टी

अपने देश की मिट्टी की, बात ही कुछ और है,
इसमें वीर शहीदों का, छिपा हुआ गुरुर है,

मेरे देश के वीर सपूत, फांसी पर हैं लटक गये,
उफ्फ ना निकली मुख से उनके, जय हिन्द कह करझूलगये

हाथ जोड़ उन्हें नमन करें, जो देश की खातिर मिट गए
देश की खातिर मर मिटना, जो हमें सिखाकर चले गये

उन् वीर सपूतो की बात ही कुछ और है.

जहाँ, नारी पूजी जाती है, जहाँ पूजे जाते हैं प्रस्तर,
जहाँ हरे भरे खलिहानों में, होते है उत्सव वर्ष भर

जहाँ होती पूजा गायों की, जहाँ पूजे जाते हैं 'पीपल ,
जहाँ भूखा ना रहता कोई, गुरुद्वारों में चलते लंगर ,

ऐसे प्यारे भारत की बात ही कुछ और है.
अपने देश की मिट्टी की बात ही कुछ और है .

अब मन में बस चाह यही ,भारत मेरा विकसित बने ,
अग्रणी बने सब देशों में ,विशाल बने महान बने ,

इच्छा नहीं युद्ध लड़ने की, शांति के पथ पर चलने की ,
ना बेर किसी से पलला है ,न बेर किसी से पालेंगे ,

गर आँख उठाकर देखा तो ,हम अपनी जान लुटा देंगे ,
बलिदान केलिए तैयार रहे ,ऐसे शौक निराले हैं.

अपने वतन की आन की खातिर, हम भी बस मतवाले हैं .

देश तो देखे बहुत मगर , भारत की बात कुछ और है ,
अपने देश की मिटटी की बात ही कुछ और है .

12. निराले कृत्य

धार अधर मुरली मुरलीधर ,
गोपियों संग रास रचाये,
मोहक मधुर मुस्कान ,धर रूप अनेक ,
सभी गोपियों को भरमाये ,
मोहन रास रचाये मेरो संग ,
ये सोच हर गोपी इठलाये ,
राधा भी देख मोहन छवि ,
मंद मंद मुस्काये ,
मटकी भरी माखन ,
फोड़ के खूब माखन खाये ,
सभी सखा संग डगर मे ,
गोपियों को खूब सताए,
मटकियां फोड़ डाले ,
जब पनिया भरण को जाएं,
उलाहना देती गोपियां,
यशोदा को ताने सुनाए,
कृष्ण की ये लीलाएं ,
कोई समझ ही न पाएं।

13. नव प्रभात

हो चुका रात्रि का पतन ,
आगमन सुंदर नव प्रभात का ,
दौड़ी आ रही ऊषा,
स्वागत करने नववर्ष का ,
ठंडी ठंडी पूर्वैया में,
भरते हुए पहली उड़ान ,
पक्षियों का कलरव कह रहा ,
यह क्षण है अत्यंत हर्ष का,
प्राची के क्षितिज पर ,
अपनी रश्मियों के संग,
कहने आए सूर्य देव ,
आओ स्वागत करें नव वर्ष का।

www.ingramcontent.com/pod-product-compliance
Lightning Source LLC
Chambersburg PA
CBHW070652240926
51846CB00003BA/887
9789373142913